Con:raste insuffisant
NF Z 43-120-14

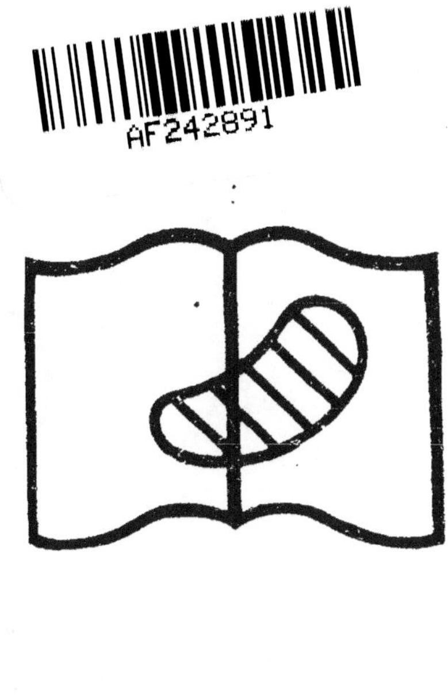

Illisibilité partielle

Valable pour tout ou partie
du document reproduit

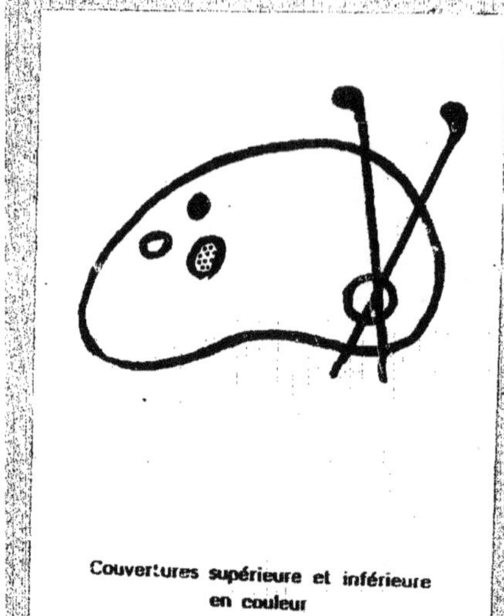

Couvertures supérieure et inférieure
en couleur

L. AUVRAY

LES
FUNÉRAILLES

DU

CARDINAL BERTRANDI

A VENISE, EN 1560

Extrait de la Revue d'histoire diplomatique du 1er juillet 1900

PARIS

LIBRAIRIE PLON

PLON-NOURRIT et Cⁱᵉ, IMPRIMEURS-ÉDITEURS

RUE GARANCIÈRE, 8

1900

PARIS

TYPOGRAPHIE PLON-NOURRIT ET Cie

8, RUE GARANCIÈRE

LES
FUNÉRAILLES

DU

CARDINAL BERTRANDI

L. AUVRAY

LES
FUNÉRAILLES

DU

CARDINAL BERTRANDI

A VENISE, EN 1560

Extrait de la Revue d'histoire diplomatique du 1ᵉʳ juillet 1900

PARIS
LIBRAIRIE PLON
PLON-NOURRIT ᴇᴛ Cⁱᵉ, IMPRIMEURS-ÉDITEURS
RUE GARANCIÈRE, 8
1900

LES FUNÉRAILLES
DU CARDINAL BERTRANDI

A VENISE, EN 1560

Jean Bertrand ou Bertrandi fut l'un des personnages politiques les plus considérables du règne de Henri II [1]. Premier président au Parlement de Toulouse, président, puis premier président au Parlement de Paris, il fut fait garde des sceaux en 1551, lors de la retraite du chancelier Olivier, et l'année suivante, en l'absence de Henri II, il eut, auprès de Catherine de Médicis, la présidence du Conseil. Devenu veuf de Jeanne de Barras, dame de Mirebeau et de Villemor, qui lui avait donné trois enfants, un fils et deux filles, il entra dans les ordres; évêque de Comminges en 1555, il passa, en 1557, à l'archevêché de Sens, et reçut cette même année le chapeau de cardinal. Après la mort de Henri II, il dut abandonner les sceaux, qui furent rendus au chancelier Olivier. Peu de temps après, le pape Paul IV étant mort, il prit part au conclave d'où sortit Pie IV, le 25 décembre 1559. Il paraît avoir fait à Rome un assez long séjour, retenu qu'il y était vraisemblablement par le procès du cardinal Carlo Carafa. Vers la fin de l'année 1560, il avait repris le chemin de la France, lorsque la mort le surprit à Venise, le 4 décembre.

[1] Sur Jean Bertrandi, on peut consulter François Du Chesne, *Histoire des chanceliers et gardes des sceaux de France*, p. 620-630; le P. Anselme, t. VI, p. 486; la *Gallia christiana*, t. XII, col. 92-94. Une bonne biographie de Bertrandi est encore à faire. Les notices que je viens d'indiquer, d'ailleurs insuffisantes, ne sont pas exemptes d'erreurs. C'est ainsi que, décédé le 4 décembre 1560, il se serait trouvé, d'après Du Chesne et le P. Anselme, aux États généraux d'Orléans, qui se sont réunis le 13 du même mois. Les auteurs de la *Gallia* ne sont pas tombés dans cette erreur.

On lui fit de magnifiques funérailles. Ce n'était pas un spectacle commun, à Venise, que celui des obsèques d'un cardinal français, surtout d'un cardinal qui avait été garde des sceaux. Une personne de la suite du prélat envoya à Guillaume Bertrandi, fils du défunt, un récit détaillé de cette imposante cérémonie. La lettre adressée à Guillaume Bertrandi ne devait pas intéresser seulement le destinataire et sa famille. On en tira des copies, et l'une d'elles fut insérée, vers la fin du XVI° siècle, dans un formulaire composé en grande partie de pièces provenant des papiers des L'Aubespine, et qui forme aujourd'hui le manuscrit français 18676 de la Bibliothèque nationale. C'est à ce manuscrit que nous empruntons le texte qu'on lira plus loin [1].

Le récit de ces funérailles, auxquelles assistèrent plusieurs ambassadeurs, archevêques et évêques, le clergé, les confréries, et le doge lui-même, est intéressant pour l'histoire du cérémonial à Venise [2], où l'on s'entendait si bien aux pompes solennelles, où le protocole était si strictement observé. Les costumes sont minutieusement décrits; l'ordre des cérémonies est indiqué avec une grande précision.

Le cardinal était mort le mercredi 4 décembre, dans un palais qui n'est pas désigné, mais qui se trouvait sur la paroisse de Sant-Angelo, et tout proche du couvent de San-Stefano, occupé par les Augustins. En raison du jubilé et de l'indulgence plénière accordée par le pape « pour le faict du Concile général »

---

[1] Ms. français 18676, fol. 244-244. La lettre, non datée, mais écrite, comme il résulte du texte même, entre le lundi 9 et le dimanche 15 décembre 1560, porte comme titre : « Missive escripte à Venise, récitative de l'honneur faict au corps de feu monseigneur le cardinal de Sens et garde des seaulx de France, à ses obsèques et funérailles. » — Cette même lettre a été reproduite, au XVII° siècle, dans un recueil sur le cérémonial qui jadis a fait partie de la bibliothèque du président de Harlay (ms. français 18534, fol. 371-387); le texte de cette copie est assez défectueux. — D'après les anciens catalogues alphabétiques de la collection Dupuy, une autre copie de cette même pièce se trouverait dans le volume 324 de cette collection; elle ne figure pas actuellement dans ce volume, et il ne paraît pas qu'elle y ait jamais figuré.

[2] Cf. Armand Baschet, les *Archives de Venise*, notamment les chapitres XII et XIII. Les registres appelés *Cerimoniali della Repubblica* ont dû garder le souvenir des funérailles de Bertrandi.

qui se tenait à Trente, et de la procession qui devait, à cette occasion, sortir le dimanche 8, les obsèques furent fixées au lundi 9. Pendant cet intervalle, le corps fut exposé dans le palais qu'avait habité le défunt; et c'est seulement dans la nuit du dimanche au lundi qu'il fut transporté, en barque, par le Grand Canal, à l'église Saint-Marc. Là il fut exposé de nouveau; mais le service solennel ne commença que dans la soirée du lundi, vers huit heures, autour de la chapelle ardente. Le cortège, qui devait être extrêmement considérable, sortit de l'église par une porte et, après un grand défilé sur la place, y rentra par une autre. Puis un orateur d'ailleurs peu connu, Battista Fontana, prononça l'oraison funèbre du défunt. Le service se continua jusqu'à une heure; après quoi la plus grande partie des assistants se séparèrent. Mais presque aussitôt après le service de Saint-Marc, il s'en célébra un autre, très solennel aussi, dans l'église San-Stefano, où l'on se rendit en gondoles, probablement par le Grand Canal. Ce nouveau service ne prit fin qu'à quatre heures du matin; les cérémonies, exclusivement nocturnes, n'avaient pas duré en tout moins de huit heures. Le corps fut déposé dans cette même église San-Stefano, « au dessus de la grand porte d'icelle, » sous les orgues; et peu de temps après, une épitaphe dont une copie, assez fautive d'ailleurs, est insérée dans la lettre que nous publions, fut posée à cet endroit, par les soins de Jacques Du Faur, abbé de la Case-Dieu, et des autres personnes qui avaient formé la suite du cardinal.

Monseigneur,

Je soullois souvent cy devant vous escripre de l'estat et affaires de monseigneur le révérendissime cardinal vostre père, que Dieu absolve, selon que la disposition de l'un et de l'autre et la commodité que j'avois, le permettoient, sans avoir laissé passer, que je saiche, la moindre occasion que s'en soit offerte. Et bien que maintenant me veoye privé d'icelle, si est-ce que ou l'usaige que j'avois de cest exercice, ou la mémoire récenté que j'ay de ce mien bon seigneur et maistre trespassé (bien qu'elle se puisse dire pour jamais invétérée), me font tenir la plume à la main, pour vous raconter encores l'ultime de ses honneurs en ce monde : je ne diz pas celluy que le comble de ses vertus, les actes héroïques et de marque qu'il a faictz, degrez et promotions d'estatz, charges et dignitez des plus grandes et honnorables de ce siècle, en l'un et l'autre bras, méritéement l'ont perpétué en la mémoire des hommes; mais de celluy qu'il a reçeu encores après son trespas, ne pouvant plus mériter, comme si vivant, mourant, et tousjours, tousjours, l'honneur le debvoit accompaigner.

J'entreray doncques au discours de ma lettre, et commanceray non dès lors ne auparavant qu'il rendist l'âme à Dieu; de tant qu'à cest heure peu d'autres assistoient que ceulx de sa famille, attournés (touteffois) comme s'ilz servoient de rideaulx à son lict, mouchetez de grosses larmes qui leur dégouttoient des yeulx, voyans et la peine présente et la proche perte de leur bon seigneur et maistre; si n'est d'autant que, après avoir désenflé leurs cœurs de tant de pleurs et regretz, tous se disposèrent à ce que l'occasion présente requéroit. Entre autres choses, furent ordonnez deux des gentilzhommes de la maison pour en aller advertir monseigneur l'évesque d'Acqz [1], ambassadeur du Roy en ceste ville de Venise; lequel ayant entendu la nouvelle, bien qu'il l'eust auparavant préveue, s'estant faict informer à toutes heures de la disposition de mondict seigneur le cardinal, et luy mesmes en personne venu par plusieurs fois le visiter, tant il désiroit sa reconvalescence, adjousta encores choses à l'ennuy qu'il en avoit jà acquis. Mais après, se résolvant selon sa très grande prudence, se feist tellement de la partie en cest affaire, que, après nous avoir servy de consolateur, considérant, oultre la nation, l'honneur, l'auctorité et le lieu que nostre bon seigneur et maistre avoict tenu en la France, et celluy encores qu'il tenoit lors de son trespas, je ne diray l'obligation particullière qu'il luy confessoit avoir, luy sembla [2] importer grandement au debvoir et faict de sa charge, puis qu'il n'avoict eu ce moien du vivant, à cause de la malladie, luy faire congnoistre les effectz de sa vollunté, au moings qu'il ne fust obmis de ce qu'appartenoit pour l'honorer à son enterrement.

A ceste cause, dès le lendemain au matin, s'en alla devers la Seigneurie de Venise, exposant le trespas dudict seigneur, discourant là-dessus (comme il sçait tropt mieulx faire) de ses vertuz et mérites, ce

[1] François de Noailles, évêque de Dax.
[2] *Ms.* : semble.

que lors luy dicta la mémoire; dont les prince¹ et seigneurs là assem-
blez en la manière acoustumée, plus marriz pour n'avoir aussi eu
ceste commodité de caresser mondict seigneur en son vivant, comme
ilz s'estoient bien résoluz de faire, sans l'empeschement de la malladie,
que estonnez d'entendre ce trespas, qu'est chose naturelle, déiibérè-
rent et ordonnèrent qu'en cest acte de sépulture, seroict faict l'honneur
et observé telle cérémonie, que si c'estoit pour le prince mesmes, et
plus encores, ne pouvant lors de ses obsèques y assister que mort,
en ceulx icy assisteroit vivant. A ces fins, seroict le corps du deffunct
apporté en l'esglise de Sainct-Marc, le dimanche ensuivant et dernier
passé, au soir, pour y estre et reposer toute la nuict et jusques au
lendemain, que se feroit le service, en la forme et pompe que sera cy
après récité. Et pour ce que ce pendant et depuis le jour du trespas,
qui fust le mercredy quatriesme, jusques au jour de l'enterrement, qui fust le lundy neufiesme du présent, y a eu intervalle de
quattre jours entiers, le corps estant revestu de tous les acoustre-
mens de cardinal, jusques à la chappe pontificale, aiant le bonnet
rouge à la teste, le chappeau sur les piedz, et levé hault en une salle
du pallais où il résidoit, toute atournée en deul, bruslant ordinairement à l'entour de luy cinq cierges de cire blanche, ledict seigneur
ambassadeur et plusieurs autres seigneurs, gentilzhommes et dames
de la cité luy vindrent donner de l'eaue béniste.

Ce pendant aussi se préparèrent les choses nécessaires pour le jour
des obsèques, comme les vestemens de deul de ceulx de la famille et
des pauvres. Et encores la principalle occasion de différer si longue-
ment, à tout le moings du dimenche jusques au lundy, fust parce que le
jubilé et indulgence plénière décernée par nostre Sainct-Père pour le
faict du Concile général², se rencontra ce jour de dimanche, que fut
faict une procession généralle, laquelle avant d'estre parachevée fust
midy passé, sans qu'il fust possible employer ce jour là en autre
chose que comme les autres trois précédens; excepté sur la nuict, où
environ une heure d'icelle que les presbtres de l'église Sᵗ-Angelo,
qu'est la parroisse, vindrent quérir le corps; et icelluy, sorty du pallais
sans grande cérémonie ne autre compagnie pour lors que de ceulx de
la famille, mis dans une barque avec les presbtres et quelque nombre
de cierges, suivye de plusieurs gondolles, où estoit ladicte famille,
le long du Grand Canal fust porté jusques au devant iadicte église
Sainct-Marc, et là reçeu par les chanoines d'icelle, mis en une chappelle
où reposa toute la nuict, bruslant autour de luy quattre grandz

¹ C'est-à-dire le doge, qui était alors Jérôme Priuli.
² Le concile de Trente.

cierges de cire blanche, sans que personne touteffois y demeurast
pour veiller ny autrement, estant tousjours acoustumé, hors le temps
du service divin, tenir les portes de ladicte esglise bien fermées, pour
ce que c'est le lieu où est le trésor de la Seigneurie.

Mais le lendemain lundy matin, à l'ouverture d'icelles, entré le maistre des cérémonies, feist préparer une chappelle ardente, qu'on appelle
icy un baldequin, posé au milieu, et contenant une partie de l'église;
au dedans duquel, hault élevé comme ung théâtre, couvert de drapt
d'or frizé, et les armoiries[1] de mondict seigneur le cardinal semées
tout à l'entour, y fust mis le corps, despouillé préalablement de la
chappe pontificale qu'il portoit auparavant, et pareillement du bonnet
rouge, et en lieu d'iceulx revestu d'un surpelis et d'une chasuble d'or
de mesme quels drapt[s] précédemment, d'une mistre d'inestimable
valleur sur la teste, la croix archiépiscopalle d'un costé, à main
droicte, et la crosse de l'autre; où illecq depuis le matin jusques à
une heure après midy reposa, acompagné par intervalle de tout le
peuple de la ville, successivement entrant et sortant de ladicte esglise,
désireux de veoir ce bon seigneur en face, et comme il estoit adorné;
singulièrement aussi pour la rarité de la chose, faisant telles obsèques
dans ceste esglise, qui n'avoict esté veu que par les plus antiens,
lesquelz encores (peult-estre) en avoient peu de mémoire; accompaigné aussi de son aulmosnier et quattre stafiers, qui estans tout debout
sur ledict théâtre, y demeurarent ordinairement; le baldequin tout
couvert et de costez remply de torches, cierges et chandelles de cire
blanche, [qui] furent toutes allumées; et fut si grand le luminaire, que,
avec l'obscurité naturelle de l'église, surpassa la lueur du soleil, aug-
mentant encore davantaige tant plus il s'anuictoit.

Cé pendant et de matin furent dictes et célébrées messes par toutes
les chappelles et autelz de ladicte esglise; lesquelles cessans, les
portes d'icelle fermées après disner, soudain furent les pauvres vestuz
de leurs habitz, vestuz encores en dueil tous ceulx de la famille, fors
le nombre de sept, destinez à porter le grand dueil; et tous montez en
gondoles, s'en allèrent en ladicte esglise, s'ordonnans et arrengeans
tout à l'entour de ladicte chappelle ardente; d'autre costé, les sept qui
portoient le grand dueil, s'en allèrent vestir en une chambre du cloistre.
Cé faict, furent conduictz par le maistre des cérémonies jusques en
la Salle du Prince, où n'arrestèrent guères, que Sa Sérénité, entendant
leur arrivée, sortist de sa chambre, vestu d'une robbe d'escarlate rouge

---

[1] Les armoiries de Jean Bertrandi étaient: d'azur au cerf passant d'or, au
chef d'argent; on les trouvera reproduites notamment dans Fr. Du Chesne,
Histoire des chanceliers de France, p. 620, et dans le P. Anselme, t. VI, p. 486.

jusques à plante de pied, fourrée d'hermines, qui est son habit de deul, son bonnet ducal sur sa teste. Sortist après luy mondict seigneur l'évesque d'Acqz, ambassadeur, encores les ambassadeurs des ducz de Savoye et Ferrare; lesquelz, pour l'absence de celluy du pappe, qui estoyt mallade, et ceulx de l'empereur et roy catholicque, qui estoient dès quelque temps auparavant hors de la ville, marchans tous quattre ensemble, sçavoir est nostre ambassadeur à costé droict du prince, et chascun des autres deulx tenant ung costé. Sortirent après les seigneurs Quais, Sainz[1] et le reste de la Seigneurie, en nombre de plus de trois ou quattre cens, tous veilles gens chenuz et de grave présence; lesquelz, vestus les douze premiers de leurs robbes longues d'escarlate viollette, à mesure qui sortoient, prenans le costé gauche, s'accompagnoient d'un de ceulx qui portoient le grand dueil; ceulx qui restoient avec tous les autres, vestuz de robbes longues noires, de deux en deux suivirent jusques au cueur de l'église, où le prince, les ambassadeurs dessusdicts, assis tout suivant, estoient assiz, ceulx du deul entremeslez avec les seigneurs qui les conduisoient. Le reste de la Seigneurie s'accomoda et remplit tous les autres bancz et sièges préparez à suffisance; et incontinent commança le service.

Mais avant vous dire autre chose, il fault entendre que tout au devant de ladicte esglise, est la place de la ville, appellée de St-Marc, faicte en carré, grande et spatieuse, bastie tout alentour de palais somptueux et magnificques, tous ouvertz de fenestres et galleries respondant sur ladicte place; lesquelles estoient plaines d'autres seigneurs, gentilzhommes, dames, bourgeois, bourgeoises et citoyens de la ville, qu'il n'y avoict riens de vuyde, attendans tous le spectacle de ses obsèques; lequel dès lors commença à passer et faire le tour de ladicte place, en l'ordre qui s'ensuict.

Premièrement, passarent les neuf escolles et confrairies, estans en nombre de personnes d'environ trois mil, marchans de deux en deux confraires, vestuz chascun de son habit de serge blanche, avec la marque de leur confrairie au costé droict, portans les xxiiii premiers de chascune d'icelles de grandz cierges sur de haultz chandeliers, chascun des autres son cierge ardant à la main.

Après lesdictes confrairies et escolles, vindrent et passèrent tous les relligieux, [chascun] son cierge ardent à la main, et principallement ceulx de St-Jehan-in-Paule[2], qui sont tous gens laiz et illitrés, disans leurs heures avecq les patenostres, qui venoient tous les derniers en

---

[1] Le texte ici est douteux; le ms. 18534 porte : « Quais, Sancy. »

[2] Pour Saints-Jean-et-Paul, église voisine de la scuola S.-Marco.

l'ordre des relligions, et portoient chascun, estant en nombre de
soixante, un gros cierge de cire blanche ardant, pesant huict livres;
desquelz je vous ay bien voullu particullièrement parler, pour la dif-
férence et quallité de leur ordre. Ces relligieux estoient en plus
grand nombre que les confraires, et demeurarent bien longue espasse
de temps à passer.

Eulx sortiz, suivirent encores par ordre, de deux en deux, les presbtres et parroisses de la ville.

Après elles immédiatement, toute la famille du prince.

Après, celle du cardinal, de deux en deux, vestuz seullement de
robbes de deul longues jusques à la plante des piedz, et chascun ung
bonnet à la teste, sans porter chapperon.

Puis suivit le corps, orné comme dessus et porté hault élevé par
huict desdicts confraires à ce destinez.

Tout alentour d'icelluy, estoient et marchoient les pauvres, vestuz
aussy en deul et portant chascun un cierge à la main.

Suivit après incontinant le clergé St-Marc, où l'évesque de Aouste [1]
faisoit l'office, assisté encores des prélatz qui s'ensuivent, revestuz
d'un surpelliz, le mantelet et camail par dessus; c'est assavoir : l'arcevesque de Cipre, l'arcevesque de Corfou, l'évesque de Famagoste,
l'évesque de Girgente [2], et plusieurs abbez et autres personnes en
dignité ecclésiasticque.

Après ledict clergé, évesques et prélatz, marchoit le duc et prince
de la Seigneurie, mais audevant de luy les xxIII huissiers, qu'ilz
appellent icy nunces ou mandatoires, vestuz de robbes longues bleues,
leurs bonnetz rouges à la Vénitianne, avecq leur marque d'or de l'image
St-Marc; cappitaines de la ville, aussi vestuz de robbes longues vio-
lettes, les manches couppées, et la soustane de velours violet par dessoubz; les secrétaires de la Seigneurie, de deux en deux, vestuz de
robbes longues de noir et ceintz par dessus; le chancellier, tout seul,
vestu de sa robbe de noir, non ceinte; et après luy incontinant, et
audevant le prince immédiatement, estoit le ballotin, qui est ung
jeune enfant vestu d'une robbe longue de damars à collet renversé,
le bonnet et casaquin de velours, duquel la charge conciste seullement
à recevoir et prandre les ballotes [3], quand on procedde à l'ellection

[1] Marc-Antoine Robbaz, évêque d'Aoste.

[2] L'archevêque de Chypre, Filippo Mocenigo. — L'archevêque de Corfou,
« Antonius Caucus », Vénitien. — L'évêque de Famagouste, Vittorio Fran-
ceschino. — L'évêque de Girgenti, Rodolfo Pio, cardinal d'Ostie en 1562.

[3] Les « ballotes » (d'où, plus haut, l'expression « ballotin ») étaient de
petites « balles » ou boules servant à donner les suffrages; le mot est assez
employé au xvie siècle.

d'aucuns officiers, marchant aussy tout seul. Mondict seigneur l'évesque d'Acqs, ambassadeur, et ceulx des ducz de Scavoye et Ferrare accompaignoient et costoient[1] le prince en la forme susdicte.

Lequel suivoient incontinant, et du costé gauche, les seigneurs qui conduisoient ceulx qui portoient le grand deul, traynant par terre, et après eulx encores tous les autres seigneurs, en l'ordre qu'ilz estoient entrez dans l'église.

Comme il est cy dessus récité, et encores plus ordonnéement, sortant par une porte de l'église et entrant par l'autre, fust faict le tour de ladicte placé seullement, mais non si briefvemement qu'on ne demeurast plus de deux heures.

Lesdicts confrères, frères relligieux et parroisses, à mesure qu'ilz rentroient dans l'église, ayant faict le tour, sortoient par une autre porte, et s'en retournoient en leurs escolles, monastères et esglises, excepté ceulx de la confrarie qui avoient la charge d'apporter le corps, lequel, ensemble le clergé, évesques, abbez et prélatz, le prince, ambassadeurs et seigneurs, avec ceulx du deul et famille, rentrez et remis en leurs lieux et sièges, en leur présence fust par le sieur Baptiste Fontaine[2], gentilhomme vénitien, doctement récité l'oraison funèbre dont je vous envoie la coppie[3] ; à laquelle tous les assistans furent si attentifz et demeurèrent tellement contens et satisfaictz, de l'origine, vie et progression du trespassé, qu'il[z] ne cuidoient dignement pouvoir faire la moictié de l'honneur qu'il méritoit.

Parachevée l'oraison, l'orateur descendu vint faire la révérence et baiser les mains du prince. Ce faict, se continue le service, et se finist estant une heure de nuict. Lors se leva Sa Sérénité et toute la Seigneurie, et s'en retournant le prince à sa chambre, l'ayant ceulx du grand deul accompaigné jusques au bout des degrez seullement, ne voullut permettre qu'ilz passassent plus oultre ; ains après avoir esté remercié très humblement, et toute la Seigneurie aussy, par monsieur l'ambassadeur et monsieur de la Cazedieu[4], qui estoit le premier du grand deul, de l'honneur qu'il leur avoict pleu faire, luy baisèrent tous les mains et se retirèrent.

Retirez touteffois non guères loing ; que, finie la cérémonie dessusdicte, s'en recommença une autre pour apporter le corps en l'église

[1] C'est-à-dire : suivaient à côté, côtoyaient.
[2] Dans le ms. 18534, l'orateur est appelé « Baptiste Fertain ».
[3] Cette oraison funèbre n'a pas été transcrite dans le manuscrit auquel nous empruntons le récit des funérailles.
[4] Jacques Du Faur, abbé de la Case-Dieu, au diocèse d'Auch, qualifié de « summus amicus » du cardinal Bertrandi dans l'épitaphe de ce dernier.

de St-Stephano, qui est le couvent des Augustins et la plus proche de nostre pallais, où y avoict lieu préparé pour le mectre en dépostz. Pour ce faire, sorty de ladicte esglise Sainct-Marc, et le maistre des cérémonies suivy de plusieurs condoles, où estoit toute la famille vestue en deul, comme dict est, feust amené jusques en ladicte église St-Stephanon, au meilleu de laquelle se trouva préparé ung autre baldequin et chappelle ardente, non moings ornée ne de moindre grandeur que celle de St-Marc, garnie et entournée de tous coustez aussi des armoiries du cardinal, et de cierges, torches et chandelles de cire blanche, tant grosses que menues, lesquelles allumées (bien qu'il fust plus de deux heures de nuict) représentoient ung plain jour dans ladicte église. Le corps doncques reposé dans ladicte chappelle, en la mesme forme qu'il estoict à St-Marc, ceulx de la famille arrengez encores tout allentour, chascun tenant ung cierge ardant à la main, se recommença ung autre service par les relligieux dudict couvent, qui ne se finist environ de deux heures; de sorte que, avant [que] le tout feust parrachevé et la famille de retour au pallais, estoict près de quattre heures de nuict; lesquelles, avec quattre de jour qu'on y avoict emploié, feirent le nombre de huict heures (ou peu s'en fault), que dura ceste pompe funèbre, à l'admiration de tout le peuple de Venise, que feist aussi grand presse à le veoir (je ne diray de plus), qu'il avoict faict à la procession généralle du jour devant [1], où il ne manquoit chose qui appartint à solemnité et cérémonie; car si l'esglise et place de St-Marc, dedans, dehors, par les fenestres et de tous costez, estoient pleines de gens, non moings s'en treuva dans ladicte esglise St-Stephano, selon la grandeur et contenu d'icelle; de sorte que ou il n'y avoict plus de peuple dans Venise, ou il n'en y pouvoict plus assister.

Tous retirez, le corps feust après mis dans sa dernière maison, au tumbeau ou dépost à ces fins préparé, et levé hault au plus honnorable et émynent lieu de l'esglise, et au dessus la grand porte d'icelle, tout revestu de velours noir, semé des armoiries richement brodées, d'or, d'argent et le champ d'azur [2], le chappeau de cardinal pendant audevant par le feste de l'église. Tout l'entour du despost (environ de deux caves [3]) a esté aussi semé et painct des armoiries, et au dessoubz tout joignant, sur une pierre de marbre blanc fichée dans le

[1] C'est-à-dire à la procession générale du jubilé, qui avait eu lieu la veille, le dimanche 8, et dont il a été question plus haut.

[2] On a vu plus haut que les armoiries de Bertrandi étaient : d'azur au cerf passant d'or, au chef d'argent (p. 10, note 1).

[3] « Deux caves noires, » lit-on dans le ms. français 18534.

mur, escript en grosse lettre bien apparente et lisable, l'épitaphe qui s'ensuict :

D. O. M[1].

J[ohanni] Bertrando Tholosano, Senonensi archiepiscopo, card[inali] p[rimario], ampliss[imos][2] *magistratus et singulares honores, quos solli excellentes jurisconsulti consequi solent in patria*[3] *et universa*[4] *Gall[ia] et apud extra[neas] nationes consecuto, ab Henrico II, G[allie] R[ege], procancelerio facto et cancellerio designato, cum Romam, P[ontificis] M[aximi] deligendi causa*[5], *profectus*[6], *in Galli[am], Pio IIII P[ontifice] M[aximo] creato, rediret*[7], *corpore jam senio confecto, Venetiis morbo prid[ie] id[us]*[8] *decemb[ris] extincto, Jac[obus] Faber Tolos[anus], Casedei*[9] *abbas, libell[orum] suppl[icum] R[egius] M[agister], summus amicus*[10], *et p[aulo] post Hedoinus*[11] *nepos m[onumentum] p[osuerunt], quousque heredes pro tanti viri dignitate ref[iciendum] c[urabunt]*[12]. *Anno M. D.LX.*

C'est la fin aussi, monseigneur; si n'est que, pour accompaigner et consommer ceste journée en tout extrême deul, soudain, à l'yssue du service, comme la Seigneurie se retiroit, fut entendu la nouvelle de la malladye du Roy et de sa santé inexplorable, bien tost suivye de plus

[1] Le texte donné ici de cette épitaphe diffère assez sensiblement de celui qui est imprimé dans Fr. Du Chesne, *Hist. des chanceliers de France*, p. 628, et dans la *Gallia christiana*, t. XII, col. 94. — Je ne vois pas que cette épitaphe, non plus que les autres inscriptions de S.-Stefano, ait été relevée par E. Cicogna, dans ses *Inscrizioni Venete* (t. I-V, 1824-1843).

[2] Après *primario*, on lit dans *Du Chesne* et dans la *Gallia :* « illis optimis et maximis duobus Galliæ Regibus Francisco I et Henrico II carissimo, magistratus et honores amplissimos, quos soli excellentissimi jurisconsulti consequi possunt in patria cunctaque Gallia honorifice adepto, in Germaniam legato, in Sabaudiam pro rege misso, tandemque procancellario facto, cancellario etiam designato, cum... »

[3] *Ms. :* patriam.

[4] *Ms. :* universe.

[5] *Ms. :* cause.

[6] *Ms. :* prefectus.

[7] Il est à noter que l'élection de Pie IV date du 25 décembre 1559, et est par conséquent antérieure de près d'un an à la mort de Bertrandi.

[8] *Idus* est une erreur manifeste pour *nonas*, qui est la leçon de *Du Chesne* et de la *Gallia*.

[9] *Ms. :* Casadei.

[10] *Ms. :* amicas.

[11] *Du Chesne* et la *Gallia* donnent ici « et Bosthedonius nepos », déformation évidente de « post Hedoinus nepos ».

[12] *Du Chesne* et la *Gallia* ajoutent ici « M. dictante E. Palmelio auditore suo ».

triste nouvelle encores, qu'est du trespas de Sa Magesté[1] ; ce que n'ay voullu obmettre vous dire, Monseigneur, pour randre du tout plus cest acte déplorable ; mais déplaist grandement que je ne vous en puisse faire sy bon discours qu'il le mérite, auquel certainement ne se pouvoit adjouster chose qui restast à faire, ne à l'église, ne à la Seigneurie, ne pareillement à mondict seigneur l'ambassadeur, ayant tous de leur pouvoir faict aparoir et de l'amour et de l'honneur qu'ilz portoient au trespassé, monstrant encores ung cueur triste de n'avoir eu la commodité le pouvoir honnorer en son vivant. Ce sont des propos (entre les autres bons) desquelz les seigneurs qui accompaignoient ceulx qui portoient le grand deul, les entretenoient, les consolant, et offrant au reste toute la faveur dont il auroit besoing ; de laquelle (touteffois) on a usé avec telle révérance et discrétion, que, s'ilz avoient en l'oraison ouy bien dire du maistre, toute la famille (et quand je ne serois du nombre, me licenccrois davantaige) leur en donne encores apparent tesmoignage. Elle est conduicte soubz la esle de monseigneur de la Cazedieu et monseigneur de Montauriel, vostre cousin, qui n'ont riens espargné ne de l'esprit ne de la peine et industrie requise en ce dessus, non plus qu'ilz avoient faict du vivant de Monseigneur, pour luy ayder à reconvaloistre. Puis que la vollonté de Dieu a esté telle que de l'arrester par deçà, nous le lairrons vivant au loy et mémoire des hommes, espérant que de mesme son âme vivra éternellement en la gloire de Dieu. Lequel je supplie vous donner, Monseigneur, etc.

[1] François II est mort le 5 décembre, c'est-à-dire le lendemain même du décès du cardinal Bertrandi.

PARIS. — TYP. PLON-NOURRIT ET Cⁱᵉ, 8, RUE GARANCIÈRE. — 1365